聽生命唱歌

陳芳玲◆策畫主編

陳怡秀、徐若涵、彭博裕◆著

陳怡秀◆插畫

作者簡介

陳怡秀

一九七七年生於高雄市，畢業於國立嘉義大學初教系輔導組，現任教於台南市顯宮國小。曾主持「如何跟孩子談死亡」義工媽媽研習營與帶領生命教育自我成長團體，參與發表「死亡教育融入遊戲」、「兒童生死教育教學媒體製作與應用」等相關主題。喜愛畫圖、音樂、文學與電影。由衷相信村上春樹所言──「死不是生的相反，而是存在於生之中」。

涂若涵

一九七九年生於桃園市，二○○一年畢業於國立嘉義大學初教系輔導組，現任桃園縣新屋鄉埔頂國小教師。曾參與彰化師大兒童與青少年生死教育研討會，發表「死亡教育融入遊戲」等主題。喜愛音樂、攝影、旅行。

彭博裕

畢業於國立嘉義大學初教系體育組，現任教於新竹市載熙國小。曾獲得多項演說、辯論競賽獎，具英語與西班牙語專長，曾參與發表「兒童生死教育教學媒體製作與應用」，表現傑出。

導　言

源起

　　《聽生命唱歌》是一本關於「生死教育與悲傷輔導」的「本土化」書籍，由陳怡秀、徐若涵及彭博裕三位老師所創作。創作動機來自他們從事翻譯國外兒童生死教育與悲慟輔導叢書的過程中，體會到死亡雖是人類共通的經驗，但其本質除具有跨文化普遍性外，亦同時因不同民族或社會文化而有其獨特的內涵。因而他們蘊釀著手撰寫生死「本土化」作品。

　　一九九九年的暑假，完成翻譯工作後，他們開始進行本土化作品的撰寫與光碟製作，經過三個多月的合作思考、討論，於十月初完成草稿與光碟，同年並在國立彰化師大主辦之「台灣地區兒童生死教育」研討會（10月20-21日）中發表，發表後深受與會者的肯定，特別是來自美國兒童死亡教育與悲傷輔導專家Linda Goldman及國內生死教育專家紀潔芳教授、張淑美教授、曾煥棠教授、吳庶深教授等人的鼓勵——除了肯定他們的努力外，亦期盼三位作者能依會中的建議進一步修訂與出版成書，提供家長或教育相關人員參考。由於受到鼓勵，三位作者隨即進行草稿的修訂，唯修訂過程中，三位作者因工作的變更及筆者的出國研究，而有一段頗長的閒置期，使得此書延至今日始能成冊出版。

　　綜觀國內生死教育與悲慟輔導相關叢書，翻譯部分，已有多本相關書籍可供參考，但自行創作則屬少見，因此，我深深期望他們的作品能對此相關領域有些貢獻。另外，誠如作者之一徐若涵老師所說——出版在即，有面對群眾的壓力，因他們三位是初次創作，疏漏在所難免，敬請讀者多給予指導與校正。

本書架構

　　本書的主要架構是藉由四季的變化，導出人類生命由生至死的變化。但不同於一般習慣性的用法「春夏秋冬」，本書以夏季為始，繼而秋、冬，以春天為末。這樣的安排，主要構想如下：

　　夏天主題為「生命的驚嘆號」。以夏季中茂盛綠樹與綻放花朵之自然生態，比喻處於青春年少或黃金歲月時期的多數人，因其生命力旺盛較不認為或不常思考死亡存在。然後，再以夏季常有之風雨，將

綠樹與花朵無情吹落之景象，導出生命無常，且死亡一直存在於我們的四周，不一定發生於年老的事實。

　　秋天主題爲「面對死亡的容顏」。秋季的主要內容安排，是以秋葉由綠轉黃而紅，從樹上飄落地上的過程爲象徵，描繪出植物、動物及人類生命由生至死的歷程。

　　冬天主題爲「如何說再見」。冬季以其萬物冬眠的景象比擬死亡，直接而眞實的描繪死亡面貌及葬禮事宜。

　　春天主題爲「穿越悲傷的愛」。春天是截取其大地復甦、生命更新的景象，描繪「失落似寒冬中的凋零，而喚醒大地生機的是不遠的春日」（英國詩人雪萊「西風頌」），鼓勵悲慟者「悲傷歷程亦是生命重建的歷程」。

結語

　　三位作者在大學時代曾選修過筆者所開授與心理諮商學領域相關多門課程，「生死教育與悲傷輔導」課程僅是其中之一，但他們非常投入本土化生死教材創作。在撰寫與修改過程中，我曾多次與他們進行討論，對年紀如此輕的他們卻能對生死議題有如此正向與深度的體會，非常感動。我非常喜歡這本書，經常在不同的工作場合中，以本書未出版前的草稿和不同年齡層的研習員分享和討論，他們多數的回饋都認爲這是一本老少皆宜的生死教育書籍。

陳芳玲
國立嘉義大學教育學院
教育系副教授

作者序

　　這本《聽生命唱歌》在經過三個月暑假的討論、思考、創作後完成草稿，並在國立彰化師大主辦之「台灣地區兒童生死教育」研討會中發表，會後並根據與會專家的建議修訂而成。

　　生命的課題是廣大而深遠的，而且沒有任何一種理論可以完全讓人解除失落帶來的悲傷，不管是什麼樣的慰問、什麼樣的溫柔、什麼樣的堅強都沒有辦法，人只有自己走過那哀傷才能重建生命。因此，在討論這本書架構的時候，面臨了不少取捨上的兩難。博裕、若涵和我，曾經有過激烈爭辯的時候，也一起度過了不少經驗分享的時光。雖然這本書的用意是提供成人能夠與兒童一同（而不是帶領）思考生與死問題的多面性與絕對性，在創作過程當中，我得說自己比原先預想的放了更重的東西下去，比在預備期時翻譯的專業參考書籍更像是個人的東西，而我盡量把主觀的經驗透過一番檢視後，化為客觀的陳述——這也是這本書想傳達的訊息之一。所以這本書嚴格說來雖然帶有理論基礎，但主體都是從我們自己的經驗與想法出發的。

　　整本書的架構以「四季」為主體探討生命與死亡。死亡是人的一部分，而人是自然的一部分，這是我們決定從四季的變化著手，探討生命與死亡本質的原因。說到四季，很自然的會想到春→夏→秋→冬，不過本書卻以夏→秋→冬→春作為探討生死的順序，這是我們三個人在決定開始寫這本書的時候刻意安排的。

　　原先以為只是做做翻譯工作的三個人，在陳芳玲老師的鼓勵下開始創作「土產」的生命教育教材，在接觸到死亡議題的時候，經由不斷的自我探索，慢慢的領悟到生與死之間的關係——生與死在本質上並不是以相反的成分存在的。生的盡頭不是死，我們對死的人的回憶會一直伴隨著仍然活著的我們，而我們有一天也會帶著這些回憶成為別人生命書中的一頁，在記憶中，生的人和死的人是一起活著的——這樣的認知成了我們三個人在創作時的中心思想與動力。透過這本書，我們期望有人和我們一樣，當我們如同向日葵一般追逐陽光、追逐生命中的美好的同時，會低下頭看看腳底下我們一直忽略的影子，我們一直避免觸及的痛苦與死亡——這也是我們從夏天著手的主要原因。

　　夏天的主題為「生命的驚嘆號」，秋天的主題為「面對死亡的容顏」，冬天的主題為「如何說再見」，最後，春天的主題為「穿越悲傷的愛」，分別就主觀與旁觀者面對死亡時可能產生的疑惑、困擾，經由思考與價值釐清，幫助自己尋求面對生命、面對死亡的最佳態度。關於內容呈現方式部分，一開始我們實驗性質的創作了童詩、寓言故事、偈語，甚至以日記等型態試圖讓死亡的課題透過文學引起共

鳴，然而我們發現了文學在敘述死亡上的距離感。與陳芳玲老師經過一番討論後，決定以可帶動團體討論的問答方式，配合作者個人經驗分享與小故事讓讀者檢視自己的想法。這本書不提供正確答案，而強調自我建立一份對死亡的個人信仰與對生命的關懷。

在寫稿與畫插圖的時候，一邊反覆聽了不下兩百次之多巴哈的G弦之歌，一面在停下來休息的時候閱讀村上春樹的《挪威的森林》，所以我的部分是在巴哈音樂的流洩與探討死亡文學的氛圍下完成的。

感謝陳芳玲老師在這段期間給予指導與支持，也很感謝同書著作的若涵和博裕能夠不放棄理想一起堅持下去。在合作的過程中，雖然話題離不開死亡，卻切切實實的透過討論的過程感受到彼此成為對方「生命書的一頁」，而我很榮幸成為你們的一頁。

最後，這本書謹獻給幾位曾有過輕生念頭的朋友，以及一直努力活著的朋友，也獻給一直在我內心裡佔據了我對死亡大部分回憶的國小同學——李坤龍——雖然你可能不知道自己在某方面是活著的。

28. Sep. 2002

歷經幾番的淚水、歡笑、爭執、苦思、腦力激盪、妥協以及修改之後，我們的《聽生命唱歌》終於要成書出版了，心中的喜悅自不在話下！

最初，為了挑戰，自告奮勇要幫老師翻譯一些和死亡教育有關的書籍；沒想到在我們三個翻譯完各自的第一本書之後，老師鼓勵我們寫一本屬於台灣本土的死亡教育的書，並且自己畫插圖。擅長繪畫的秀對於「畫插圖」這部分感到很興奮，而我覺得這是一個更大的挑戰，很想試試看，大家都挺感興趣的，不過沒有人真正確定我們是不是要著手寫這本書；我則一直懷疑自己到底有沒有能力寫這本書，對這本書有所貢獻。

當我們三個人將手上四本書的譯稿交給老師之後，確定我們真的要自己寫書，即停止了翻譯工作，轉而開始進行《聽生命唱歌》這本書的寫作。因為要「一起」出一本書，所以我們有很多的討論活動。剛開始，我們的討論很「天馬行空」，想到什麼就談什麼，我們談了「村上春樹的挪威的森林」，談了「你最喜歡的葬禮」，談了「珍惜此刻及身旁的人」，談了「什麼原因影響自己的悲傷程度」……等，不過其中，有很多時間我們是在廢話。就這樣進行了三、四次的討論；一個星期一的中午，我們在跟老師吃飯並報告進度的時候，老師說了一句話「你們應該要寫出東西來了，不能再這樣一直討論下去，這樣

是沒有結果的！」一語驚醒夢中人，我們這才開始覺察到應該要「動手」了！經過收集資料、閱讀及討論，我們確立寫作形式之後的那個星期五，《聽生命唱歌》的「夏」的最初版原始稿就完成了。接著的一個禮拜，剩下的「秋」、「冬」、「春」也相繼完成。

也在這個期間，我們開始了因為合作，各有各的理念想法而產生的爭執。爭執點包括用字遣詞等，之中最嚴重的問題是寫作的方式太過唯美，加深了死亡的距離感！秀和博裕曾為了這個問題有過幾次衝突，最後我們互相的妥協方式是在每頁的開始加上「偈語」，以點明我們所要表達的主旨，讓讀者知道如何帶領孩子去討論那一頁的內容！

這次爭執過後，我們將稿子再次的修改，並將修改過的稿子呈交給老師，開始著手進行活動的編寫；不久，秀接到老師的電話，老師說，她看了很久（我們的稿子），覺得距離感太重了，「死亡」這個議題對一般人而言已經有些抽象了，還用這麼講究「美感」的文字去呈現，不夠真實。我們想要改，卻也不知從何改起！於是，我們放棄已定稿的「第一版春夏秋冬」，一切重頭來！博裕負責夏，秀負責秋，我負責冬，春則分成回憶、活下去，及治療傷痛三部分，分別由我、博裕、秀完成。

在兩次「春夏秋冬」的撰稿中，我所負責的部分都是「冬天」──象徵死亡的季節，直接且真實的切入死亡的部分！在《與孩子談死亡》（遠流）書中提到，在面對死亡的時候，孩子需要的是坦白、中肯、清楚且誠實的被告知某人的死亡；所以我選擇以「很直接」的方式來寫這一部分，不希望產生任何「死亡」的神秘感，或讓孩子產生誤解！

在「冬天」的活動中，有許多是讓孩子畫畫、塗鴉的活動；這種方式可以讓孩子更輕鬆的表現出他們心中的想法。關於「死亡圖像」這一部分，我們曾經想過，這對於孩子是不是太難了？他們知道要畫什麼來表現「死」嗎？後來，我覺得孩子們的想像力及創造力豐富，不容小覷，且若要他們「描述死亡」，用說的或許還比用畫的更困難。所以我決定還是放入這項活動，藉由孩子的塗鴉，來了解他們心中的「死亡」。

從開始投入，到現在即將完成之際，我想我們都承受了許多壓力。沒有靈感時候的壓力，失去動力時候的壓力，以及合作夥伴的優秀所帶來的壓力，還有現在即將出版，面對群眾的壓力！這些日子來的期待將要實現，有點不可思議的感覺，我們竟然要出書了，而且還是和生命教育相關的領域，從來沒想過的事情竟然發生了！

從20歲寫到23歲

徐若涵

28. Sep. 2002

風停了　風再度吹起
催　　催　　催　起了片片花落紅
捲　　捲　　捲　起了澎湃洶湧海
動　　動　　動　起了霎風雨晴心

像縫中的苗　掙扎
如風中的箏　抖動

看起來一陣的寂靜
為風雨中的這一棵樹　祈禱
為生命的這一棵樹　榮耀

我感受到
這樣的風　這樣的食物　這樣的人　這樣的花朵　數不盡的事物
說句　愛　想來沉重　退卻了腳步嗎？？
不不不　生命之樹不低頭
我要說　我想說　不要阻止我的話語
我愛　我愛　我愛
這樣的風　這樣的食物　這樣的人　這樣的花朵　數不盡的事物
生命的事物　可愛　可愛　可愛
面對自己　面對環境　面對人
自己　攬鏡自照　可愛
環境　俯目一去　可愛
人　　心念一動　可愛

可愛的你　看這樣一本可愛的書　讀我這樣可愛的人
面對這樣可愛的環境……
大驚煞到
可愛　可愛　可愛　真可愛

彭博裕

28. Sep. 2002

目　錄

在開始「聽生命唱歌」之前......

　　從現在開始，你會慢慢發現一些東西，這些東西有可能是你過去忽略而沒去注意到的，也有可能是你雖然已注意到卻苦苦不知從何著手的地方......無論如何，我們都要恭喜你！也為你正視人生課題的勇氣喝采！

　　當你閱讀到某些部分，也許你會有不自在的感覺。不要擔心，因為那意味著你開始意識到你對人生的疑惑——而這正是你面對它的一個好機會！找一、兩位好朋友一起看這本書，談談你的感覺，或者和團體的其他成員一起分享你的想法，相信你一定會有很大的收穫的！

　　這本書是由秀、若涵、博裕三個人一起寫的，我們將和你分享一些我們面對生命、死亡時的想法、感覺、憂慮和恐懼。如果你準備好了，就請你翻開下一頁，開始聽生命唱歌吧！

夏　生命的驚嘆號

羅馬哲學家西卡尼說：「人生不斷學習生活，
　　更奇怪的是，人生也不斷學習死亡。」
　　　　　　　　　　　　——【心靈地圖】

你注意過夏天嗎？
在夏天，森林綠的成一片翡翠色，
蟲鳴的像是大交響樂團，
太陽大的像是可以在路旁煎蛋一般。
這是夏天……
你是否以為在夏天這樣的日子裡，
是不可能有死亡的？
就像正值青春年少的你，
是不會思考死亡這樣的東西的……
是嗎？是這樣的嗎？你是這樣想的嗎？

你有看過枝頭上翠綠的葉子嗎？
你認為那葉子絕對不會落下嗎？
特別在這樣的晴朗日空下……
你是否以為葉子只會在秋天、在冬天掉落，
而夏天是絕對不會有落葉的呢？你覺得呢？

看看你的父親…你的母親…你身旁的同學…
他們是那麼的強壯、有活力。
你　覺得他們絕不會突然的死去…你是這樣以為嗎？

3

有時候，夏天的一場突如其來的強勁颱風，
  把原本應該絢麗綻放的花朵，
  吹得葉殘枝斷；
  在盛開的季節提早結束了它的生命。

4

人，也是一樣的。
並不是每一個人都可以活到很老很老，
老到牙齒都掉光了，
頭也禿了，
動作也變得遲緩了，
身體裡的器官也慢慢失去它該有的功能時，
才安安靜靜的死去。

有些人可能會因為一些突來的意外，
例如車禍、地震、空難……
或者嚴重的疾病，如癌症、愛滋病……等
在經過醫生、家人，以及他自己本身的努力之後；
仍然無法維持生命，
而比別人早面對死亡。

你讀過周大觀的故事嗎？他的年紀應該跟你一樣吧！

他現在人在哪裡呢？

你身旁的同學中，也有人像周大觀一樣正生著重病嗎？

你認為他們做錯了什麼事嗎？

還是，

他們不夠聰明……他們沒有錢……

你想過為什麼嗎？

我想告訴你……

這些都不是他們生重病的原因……

你有生病的經驗嗎？
那種病是不是讓醫生檢查過，吃了藥，或是打了針，
兩三天之內就好的呢？
如果有一種病是醫生看不好，吃了藥也沒效，打了針也沒用，
甚至，醫生伯伯說：你這種病不會好了……
你會怎麼想呢？
你又會怎麼做呢？

病有很多種，
愛滋病…白血病…敗血症…癌症…
有很多很多的病都是治不好的，
甚至……
我們都說那是「等死」的病。
很奇怪嗎？
等死＝迎接死亡＝到了那一天，
你不再動、不再跳…不再呼吸…
如果是你……
你會用什麼心情迎接死亡呢？

你是否認為只有年紀大的人、生重病的人才會死去？

你是否認為你不會沒有理由的死去？

「死去」一定需要理由嗎？

像是…年紀大了

　　　　身體不好了……

你是否曾經聽別人說過

　　　　「早謝的玫瑰」

　　　　　或是

　　　　「英年早逝」

你曾經見過生重病的人嗎？

他們看起來是什麼樣子呢？

你可以畫下來，並向你身邊的朋友說說你的想法。

我在這裡想跟你分享我的故事…

我是一位大學生…
我的身體很好…我的家庭不差…我的功課也不錯,
我處世待人也可以…我也念佛…阿門…瑪麗亞…甚至拜拜,
我下課後的生活很單純…就是騎著摩托車從學校回到家中,
是呀……我還可以唱一首好歌呢!
在一次回家途中…我看到了紅燈…當然,
好國民應該…也一定要遵守規則…我當然停了下來,
你知道嗎…世上就是有不守規矩的人…是的,
那一天…我就是遇到這樣的人,
撞上了我的車,

我當場摔了下去……血流的很多…我的情況還好
但是…在我旁邊的老婆婆卻被撞的送醫院…
你想呢？
如果那車不是機車…而是轎車…卡車…墜落的飛機…
不可能嗎？
那些開在高屏大橋上的駕駛人…在斷橋前的那一刻
他們也不認為橋會斷掉…
那些在九二一地震中死亡的人
也想不到在那一個晚上會有一個這麼大的地震…
甚至…震央就在自己家鄉…
現在…你真的還以為…死亡離你很遠？
甚至…你真的還以為死亡是那些生重病的人或老人家的事嗎？

風吹竹影搖
芳華正榮發
誰知　雨瀝瀝
誰知　風蕭蕭
一場愁夢酒醒時　斜陽卻照深深院

很多人對自己生命的
重大經歷都很高興，
例如結婚、生孩子…
一般而言…
他們的心情都很高興，
一般而言…
他們的親屬也都很 Happy，
但是…你注意過他們用什麼心情迎接死亡嗎？
是哭…是難過…是不捨…是憤怒…
是的…這些心情都是有的…
是的……

現在，
請你再看看那棵在夏日迎接陽光的綠樹，
看看那葉子！
如果它掉了下來，
你會怎麼想？你會想要對他說什麼？
你願意分享嗎？

看看你自己，問問你自己，想想你自己，
如果下一刻……
是的！就是下一刻！
你就死去了…
你想對自己說些什麼呢？
你想對家人說些什麼呢？
你又想對你的朋友說什麼呢？

珍惜每一刻可呼吸的時候，
珍惜每一刻可吃飯的時候，
珍惜每一次可說「愛」的時候，
珍惜每一次跟人見面的機會，
珍惜每一次睡眠，
珍惜…珍惜…珍惜…

你會發現……

空氣變好了，
食物更美味了，
人也變可愛了。
睡眠變的更舒服了
珍惜…珍惜…珍惜…

秋 面對死亡的容顏

一旦你學到如何死亡，你就學到如何活著。

——*Mitch Albom*【最後十四堂星期二的課】

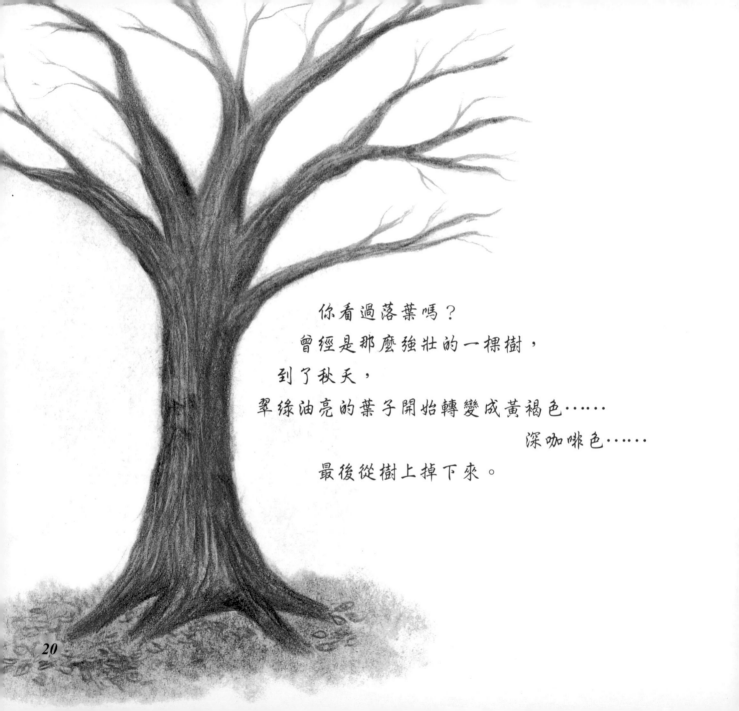

你看過落葉嗎？
曾經是那麼強壯的一棵樹，
到了秋天，
翠綠油亮的葉子開始轉變成黃褐色⋯⋯
深咖啡色⋯⋯
最後從樹上掉下來。

到公園走走，看看掉落在地上的葉子，

有長的

有橢圓的

有黃色的

有咖啡色的

有摸起來滑滑的

也有摸起來皺皺的

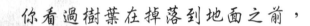

你看過樹葉在掉落到地面之前，

被風帶著飄揚飛舞的樣子嗎？

它們在空中漂浮、共舞，

在成為土壤的一部分之前，

它們仍然想活出最美的自己。

無論是多麼美麗、稚嫩的葉子，
總會逐漸變成黃黃、乾乾的……每一片葉子都會有變老的時候，
都會面臨從樹上掉落下來的一刻。
這是很自然的現象。

我們人也是一樣的。
無論是男的、女的；皮膚黃的、皮膚黑的；家境富裕的、貧窮的…
我們總會隨著時間的流逝　漸漸的長大、變老……
沒有人可以例外…總有面臨死亡的時候。
對於這點你有什麼看法呢？

牠的名字叫做<u>太郎</u>，是我養的一隻狗。
牠跟我生活五年了，是我的好朋友。

每次只要我一回到家，
牠就跑到門口迎接我、對我搖尾巴。
只要我有難過的事，我都會跟牠說，
而牠也總是很有耐心的聽我說。

不過三個月前，我發現牠愈來愈沒有精神，
體力也大不如前。
我帶牠去看醫生，
醫生說，<u>太郎</u>已經老了，還有一些呼吸上的疾病。
我覺得很難過，也很害怕……
我希望<u>太郎</u>能夠永遠留在我身邊……

你有養過寵物嗎？

牠叫什麼名字呢？

他是不是有一天也會跟<u>太郎</u>一樣生病了、變老了？

你願意跟我們說說你的感受嗎？

你曾經到過遊樂場嗎？你照過一種哈哈鏡嗎？

或是魔術鏡呢？

你發現了自己的形體在不同的鏡子中有不同的樣子。

請你現在到普通的鏡子前…看看你自己…

你是否覺得自己絕對不會改變呢？

你是否覺得自己的身體只會愈來愈好…永遠都不會生病呢？

你真的這樣想嗎？

有時候我們身邊認識的人當中有人正生著重病，
有人則遭遇嚴重的意外正在醫院中治療。
你所認識的人當中有人現在正是如此嗎？
你願意談談嗎？

如果，你有這一天
我是說，
死亡的那一天…而那一天也一定會到的…
也許就在下一秒，
你會想用什麼樣的心情迎接這一件事情呢？
你願意分享嗎？

你曾經在醫院看過即將面對死亡的病人嗎？
你覺得他和我們身邊認識的人有什麼不一樣呢？
你願意說說看嗎？
或者，把你看到的畫下來。

有時候當我們即將面臨死亡的時候，
才想到我們還有好多事沒有做；
我們忘了金錢無法取代溫柔，
忘了讓身邊的人感受到我們的愛，
忘了專心聽別人的想法……

難道真的要等到面臨死亡的時候，
才後悔沒有好好把握身邊的人？
你有什麼想法呢？

冬

如何說再見

我已歸入塵土，一切將給小草，
若　你還需要我，就到你的皮鞋下找我。
倘若　你找我不著，不要感到氣餒，
請到別的地方繼續尋覓，
我一定會在那等候你。
——惠特曼【草葉集】

冬天，耐不住寒冷的花，謝了；葉，落了。

這是他們生命的週期；

生命既有著開始，

就一定會有結束的一天。

死亡，是生命的一部分；

是生命必經的道路。

只要是有生命的東西，都會有面對死亡的時刻。

不管是外面不起眼的野花、野草，

家中備受寵愛的小貓、小狗，

還是，

我們最親愛的爸爸、媽媽

和身旁的朋友們；

都無法避免這一刻的到來。

有時候，花草的枯萎，
令我們傷感；
寵物的死亡，讓我們難過；
而爸爸媽媽的死亡更是令人感到深刻的悲慟。
你有任何關於死亡的經驗嗎？
可不可以聊聊你當時的感覺？

當人們或動物死亡時，
看起來，
就像只是深沉的睡著一般；
但，已經死亡的他們，
不再呼吸，心臟不再跳動，
大腦不再思考，身體也不再有感覺，
不會哭，不會笑，
永遠不會再醒過來陪你說話聊天，
陪你玩耍。
永遠……

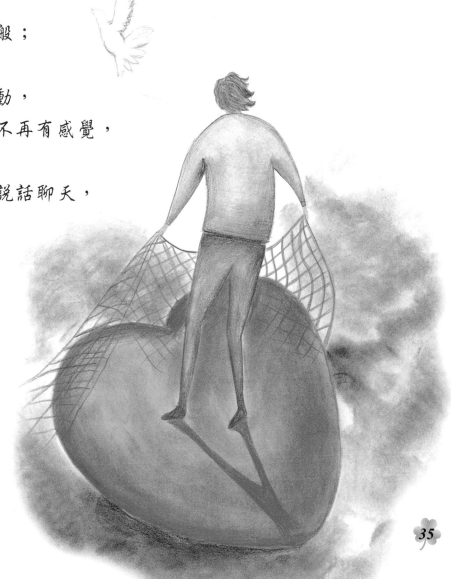

35

我們並不知道死後的世界是如何？
你覺得，當一個人死後，
他會發生什麼事？
你會擔心或害怕嗎？

你有任何和「死亡」有關的問題和疑惑嗎？
可以記錄在以下的空白處，
並和大家一起討論。

你認為「生命」是什麼？長什麼樣子？

在這一頁下面的空白處，畫下你的「生命之圖」。

那麼，「死亡」在你的心中又是什麼模樣呢？
請在這一頁畫下你所認為的「死亡圖像」！

有時候，一個人生病了，而且病得很嚴重，
但是，生病的不是他的身體，
而是他的心理，他的精神狀態。
儘管醫生、家人和朋友都很努力地想要幫助他，
希望他能早日康復，
卻仍有束手無策的時候；
此時，他一心認為只有死亡，
是解決問題、結束所有痛苦最好的方法，
因而選擇了結束自己的生命，
這就是自殺。
他不知道，他把痛苦都留給身旁所有愛他的人！

Cherry.

如果在我們的身旁有人自殺時，

除了悲傷，

有時，我們會感到非常的震驚、錯愕，

不敢相信一個活生生的人就這麼死掉了。

可能還會感到憤怒，

氣他怎麼可以丟下自己；

甚至，會認為他的自殺是自己的錯，

為什麼沒有即時發現異樣、給予協助……

但，記住，

那不是你的錯！

當一個人下定決心要尋死的時候，
他的身心已屬於非常不健全的狀態，
他失去了生活的意義；
他不相信自己，
他不相信有比死亡更好的解決方法，
他不相信別人能給他任何有用的幫助。

如果你認為，

他是因為你，才選擇了自殺；

不妨說出你心裡的想法，

讓我們來討論這個問題！

我記得，在我六歲的時候，
我的曾祖母去世了。
我有點驚訝，但沒有特別的難過。

在她剛去世的前幾天，
她的遺體就放在家中（三合院）正廳，
一個用蚊帳罩住的小空間裡，
這讓我感到很害怕，
一直不敢靠近那蚊帳，不敢仔細的往裡面看；
不敢看曾祖母死後的樣子。

如果你和我有些相似的經驗，
不敢以瞻仰遺容的方式來和一個人說再見，
那麼，你想用什麼方式，
來向這位對你而言有特殊意義的死者道別呢？

有時候，
我們有機會去瞻仰一個人的遺體，
見他最後的一面，
和他道再見。
你有過類似的經驗嗎？
願意聊聊嗎？

在一個人去世之後，將要下葬之前，
通常會有一個稱之為「告別式」的儀式，
這是葬禮過程的一部分。

此時，這個人生前的親朋好友都會聚在一起；
彼此聊著死者生前的種種，對死者進行追悼！
和他說，「再見！」
這有助於我們處理自己的悲傷情緒，
讓自己知道別人也是一樣的難過，
讓自己能夠不再這麼的傷心。
你參加過葬禮嗎？
如果有，在葬禮上，你的感覺是什麼？
如果沒有，你會害怕去參加你所愛的人的葬禮嗎？

無論你有沒有參加過葬禮，

請在以下的空白處，畫下你認為在葬禮中會出現的情景；

你也許想畫一束花、你所見的人們，或者所有景象……

有一次，我在馬路上騎著摩托車，
猛然看到前方離我不遠處，有一輛中型卡車，
上面載有兩、三個人，和……棺木！
看起來應該是要前往「墓地」的；
這著實嚇了我一跳，

想到有人躺在那付棺材裡，就令我感到恐懼。
霎時，只敢目不斜視地往前騎，
直到超越那輛卡車才鬆了一口氣。

你是否曾經在路上看過人家辦喪事呢？
在路過的時候，你有什麼樣的感覺？
難過？害怕？恐懼？還是……？

有時候看到有人在辦喪事，
大人會叫我們趕快離開，不要指指點點，也不要東張西望；
你覺得為什麼大人會這樣說？
如果這時候不聽大人的話，會有什麼後果嗎？

在台灣，一般常見的下葬方式是土葬。

土葬就是將死者放置在棺材之中，再埋到土裡。

若是葬在公墓中，通常過了幾年之後就要「撿骨」；

把死者的骨頭撿起來，裝在骨灰罈裡，並安放在靈骨塔中，

清明節掃墓就到靈骨塔去祭拜。

如果是葬在私人的墓園，就不用「撿骨」這個過程；

掃墓時直接到墓園去整理並祭拜。

你還知道其他不同的葬禮方式嗎？

我們有一個習俗，就是在親人去世後，

除了燒紙錢之外，我們還會燒各式紙做的用品給死者；

例如：紙房子、紙車子、紙衣服、紙傭人……

你知道這些習俗嗎？

想想看，你覺得這樣做有什麼用意呢？

除了這個習俗，你還知道哪些相關的習俗嗎？

四月五日是清明節，俗稱掃墓節。
每年的這個時節，我們都會有一些祭拜的儀式；
例如到親人的墓地去整理打掃並祭拜一番……

我父親這邊的傳統是到宗族的靈骨塔外舉行祭拜的儀式；
母親那邊則是去國軍公墓給外公燒香，以及清掃墓地。

你們家清明節祭拜的習俗又是什麼呢？
你覺得我們為什麼要有這些習俗和儀式呢？

54

春

穿越悲傷的愛

不管你擁有什麼真理都無法治療失去所愛的悲傷。

不管是什麼樣的堅強、什麼樣的溫柔都無法治癒那哀傷。

我們只能夠走過哀傷才能夠脫離那哀傷，並從中學習到什麼。

——村上春樹【挪威的森林】

花謝了，有再開的時候；
樹枯了，有再綠的時候；
人一旦去世了，卻不會有復活的可能。

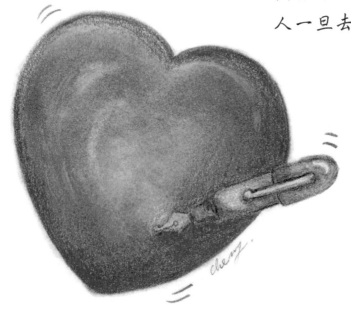

可是仔細想一想，
死去的人又似乎一直留我們的身邊、活在我們的心裡
　　　　　——以不同的方式告訴我們他的存在。

面對摯愛親人的死亡，

我們會有很多不同的情緒，

這樣的情緒會伴隨著我們生活，

也許持續一個禮拜……

也許持續一個月…

也許持續一年…

　　　　有時候就連時間也無法沖淡那哀傷。

Cherry.

我的一個好朋友死了以後，
我常常想起他。
想到以前在一起共度的快樂時光，
想到我們常常一起唱的歌。
只要經過他的家，我就會想哭。
可是我不能哭⋯⋯
因為我是個男孩子，我不能哭，哭了會被別人笑。
後來媽媽告訴我：「哭不是一件壞事。
　　　　一個真正勇敢的人，是能夠面對悲傷的人。」

台灣民間有一個習俗──

親人去世之後，

我們會把他生前留下來的錢分給其他的親人、子孫，

這個錢叫做「手尾錢」！

拿到手尾錢，就好像去世的親人在身邊庇蔭著我們一樣。

手尾錢，

就跟其他你所愛的逝者所遺留給你的「紀念物」是一樣的，

具有懷念、回憶的作用。

當自己很想念這位已逝的親友時，

看到這些充滿回憶的「紀念物」，就好像他還存在你身邊一般；

只是以另一種不同的形式存在著；

以回憶形式，永續存在著！

或許命運、時間，帶走了你摯愛的親友；
但是它卻帶不走你們之間珍貴的回憶！
他的一顰一笑、一舉一動，
你們所一起經歷過的時光……
都是你最好的回憶。

有時候，回憶是甜美的，
然而有時候，回憶也可能是令人悲傷的；
失去一位對自己有特殊意義的人，
是一件很痛苦的事，
但是，回憶可以幫我們慢慢治癒這個悲傷。

你有什麼特別的紀念品，或者難以忘懷的回憶嗎？
可以說說他們為什麼對你這麼重要、這麼有意義嗎？

你是不是有什麼來不及說的話想要跟去世的親友說？

還是你想要跟他說說自己最近做了哪些事？

雖然我們已經無法親口對他說出心裡的話，

但，我們還是可以用「寫信」的方式來表達我們的思念！

不妨就在以下的空白處寫下你想說的話！

自從外婆死掉了以後，

媽媽就對我、哥哥、姊姊，還有爸爸不再關心了。

媽媽每天看著外婆的照片流眼淚，

常常到外婆的墳上坐一整天，

我想安慰她，

但是她把我推開了……

　　　　我好想告訴她：「雖然你失去了你愛的人，

　　　　　但是你的身邊還有很多需要你愛的人，

　　　　　　而我相信你也需要找到付出愛的出口…」

跌倒了…會再站起來嗎？
你有選擇權的。
你可以告訴自己：「我不要！」
也可以告訴自己：「我一定要站起來！」
當你拒絕站起來的時候，
你身上的傷口，將沒有機會讓醫生治療；
你心中的傷痕，將不再有機會痊癒。
你只會在原地不動……
縱使眼淚流乾了，
你還是沒有站起來，再次面對這個充滿希望與生機的大地。

「面對它」是你的另一種選擇；
面對生命，你才看得到生命的顏色，
面對生命，你才聞得到希望的氣味，
正視你的生命！
你不必一個人孤獨的坐在角落治療自己的傷口，
你不必終日惟悴不振。

生命中有一陣風，
孩子，那是希望的風。
生命中有一場雨，
孩子，那是生機的雨。
生命中有一種陽光，
孩子，那是期許的陽光。
花依然會再度飄落，
但是，因為風，因為雨，因為陽光，
花落下後結成的果實，卻更加甜美多汁了，生命也更為旺盛。
相信我，
黑夜過後總有陽光，
冬天過後總還有春回大地的時刻，
現在你只是在休息，
停下來，呼吸一下，
看看自己以前的相片、以前的作業簿。
是的，你發現成長精靈的魔力了嗎？

聽呀！你的呼吸聲音依然優美。

看呀！你的眼睛依然透露希望。

你仍然可以找朋友玩，你仍然可以歌唱。

往下繼續寫你的文章，

別讓這樣的逗號困擾你太久，

不如在這裡畫上句號，

往下寫下一段吧！

你會發現，創作你下一段的人生篇章是多麼美好的一件事啊！

這本書到這裡結束了
但是你的生命之旅才正要開始……

生命教育 5

聽生命唱歌

策畫主編：陳芳玲
作　　者：陳怡秀、徐若涵、彭博裕
插　　畫：陳怡秀
執行編輯：陳文玲
副總編輯：張毓如
總　編　輯：吳道愉
發　行　人：邱維城
出　版　者：心理出版社股份有限公司
社　　址：台北市和平東路二段 163 號 4 樓
總　　機：(02) 27069505
傳　　真：(02) 23254014
郵　　撥：19293172
　E-mail：psychoco@ms15.hinet.net
網　　址：www.psy.com.tw
駐美代表：Lisa Wu
　　Tel：973 546-5845　　Fax：973 546-7651
登　記　證：局版北市業字第 1372 號
電腦排版：博創印藝文化事業股份有限公司
印　刷　者：博創印藝文化事業股份有限公司
初版一刷：2003 年 6 月

定價：新台幣 320 元
ISBN 957-702-598-6

國家圖書館出版品預行編目資料

聽生命唱歌 / 陳怡秀、徐若涵、彭博裕著.
— 初版.— 臺北市：心理，2003（民92）
面；　公分.—（生命教育；5）

ISBN 957-702-598-6（平裝）

1.生死學

191.9　　　　　　　　　　　　92009674